AF362687

DÉDIÉ A MON AMI Louis DES CARS

RÉSUMÉ

D'UN COURS DE DESSIN

à l'usage des Aspirants au Brevet de Capacité,

approuvé par la Commission d'Examen

du Département,

PAR

Mᴿ A. SARTIAUX, Ingénieur

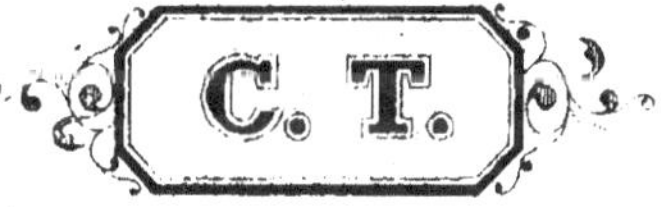

ALENÇON

Typ. et Lith. Ch. Thomas

Rue du Collége, 8 et 10

1872

RÉSUMÉ

d'un

COURS DE DESSIN

Définition

Le dessin a été défini « L'art de représenter les différents objets de la nature de l'industrie et des arts » C'est la définition du dessin dans son acception la plus large; mais les connaissances humaines les exigences sociales augmentant, il est devenu impossible d'embrasser dans son ensemble tout l'art du dessin, il a fallu établir des divisions.

Divisions

L'art de représenter à l'aide du crayon, de la plume ou des couleurs, les êtres morts ou inanimés de la nature, a constitué le dessin d'imitation, le dessin géométral ou linéaire est resté plus spécialement l'art de représenter avec plus ou moins d'exactitude les choses les plus utiles de l'industrie et même de la vie privée et de faire lire ou comprendre les plans dont l'usage est devenu si important et si général à notre époque.

Tel est le but de l'entreprise.

Dessin d'Imitation.

Principes généraux

Arrivons maintenant aux préceptes et disons pour commencer quelques mots du dessin d'Imitation.

La marche à suivre ressemble beaucoup à celle que nous retrouverons dans l'étude du dessin linéaire.

Il convient que les élèves s'exercent à:

1° Copier successivement des dessins

au trait ou ombrés d'abord en vraie grandeur,
ensuite en les réduisant dans un rapport donné.

Sujets d'Étude.— Organes simples,
tels que : Yeux, nez. etc... puis têtes au trait,
têtes ombrées, académies au trait puis ombrées.
etc... 2° Copier des modèles en relief en
vraie grandeur et en grandeur réduite.

Sujets d'Étude.— Bustes, groupes
en plâtres, etc.

3° Copier des modèles animés d'abord
au repos et ensuite en mouvement.

Sujets d'Étude.— Modèles vivants,
académiques, personnes et animaux.

Que l'élève veuille copier
un Dessin, un modèle, etc, ou qu'un artiste
ou touriste veuille fixer un site, un monument,

une figure, un costume, etc. La méthode de procéder est toujours la même; elle consiste:

1° A faire l'Ensemble, c'est-à-dire, à se rendre compte d'abord des dimensions relatives des objets à représenter dans ses grandes masses et dans ses lignes principales et à les indiquer par un trait un peu vague et très léger.

2° A faire l'Esquisse, c'est-à-dire à indiquer plus franchement les détails de l'ensemble en reproduisant fidèlement par un trait fin et léger la silhouette exacte et les ombres des modèles.

3° Passer au trait. — C'est-à-dire fixer l'esquisse lorsqu'elle est satisfaisante

8.

en ayant soin de proportionner la largeur et l'épaisseur du trait à la quantité de lumière reçue par les différentes parties de l'objet à représenter de telle sorte que l'esquisse ainsi complétée puisse donner une idée très exacte, très-suffisante et même très-harmonieuse de l'ensemble.

4° La dernière opération consiste à accuser, à l'aide du crayon ou des couleurs, les effets d'ombre et de lumière destinés à compléter l'illusion.

Telles sont à peu près les règles générales auxquelles il faut soumettre l'enseignement du dessin d'imitation.

Abordons avec plus de détails l'étude

Dessin linéaire.

Cette étude se divise en deux parties: Celle du dessin à vue, comprenant les levers d'ouvrages d'art et de bâtiment, et celle du du dessin graphique, comprenant la mise au net des croquis relevés ou dessinés à vue.

On doit suivre dans l'enseignement du dessin linéaire à-peu-près le même ordre que dans l'enseignement du dessin d'imitation:

1° Il faut faire copier aux Élèves à main-levée, des dessins imprimés ou tracés sur le tableau noir, par le professeur qui en donne l'explication en les dessinant. Le

Professeur choisira pour sujet d'étude des machines simples, telles que la poulie, le treuil, etc... et des organes simples de machines, telles que : Arbres en bois pour roues hydrauliques ou arbres en fontes. Il profitera de la circonstance pour décrire ces machines et expliquer leur usage habituel.

2° Lorsque les élèves seront d'une certaine force, le professeur leur fera faire des croquis cotés et dessinés à la main d'après les modèles en relief, et ensuite d'après les appareils eux-mêmes des établissements publics et privés. Il choisira, pour sujets d'étude, des organes de machines, tels que des rails, des coussinets, des tenders des soupapes de sûreté, des roues hydrauliques, des ponts, des remises à locomotives, des bâtiments divers, etc...

Dessin graphique

proprement dit

———

Nous arrivons enfin au Dessin graphique, c'est-à-dire à la représentation exacte, à l'aide d'instruments, des objets, ou la mise au net des croquis faits à main-levée. Les instruments sont :

1° Un compas muni de sa pointe, d'un crayon, d'un tire-ligne et d'une rallonge.

2° Un tire-ligne.

3° Un rapporteur en cuivre. ou en corne.

4º Un double décimètre.

5º Une règle plate et deux équerres

6º Un morceau de gomme élastique.

7º Un bâton d'encre de Chine et un godet.

8º Un crayon.

9º Enfin autant que possible, un carton blanche.

Le compas à pointes, pour être en bon état, doit avoir ses pointes fines, égales et exactement superposées, quand le compas est fermé.

Le tire-ligne doit avoir des lames bien égales, un peu convexes et desserrées à l'état de repos. On ne doit se servir que d'encre de Chine et jamais d'encre ordinaire, qui

abîme les lames en les rongeant. On fait
l'encre de Chine en frottant le bâton d'encre
de Chine dans un godet renfermant un peu
d'eau ; l'encre doit toujours être limpide et
en temps sec surtout, on empêchera qu'elle
ne s'épaississe en recouvrant le godet. Il est
important d'essuyer le bâton après l'usage et
de ne jamais se servir d'encre vieille. On
introduit l'encre dans le tire-ligne à l'aide d'un
bout de papier, dont on trempe l'extrémité dans
le godet ; il faut toujours avoir soin de desserrer
les lames et de nettoyer intérieurement le tire-
ligne après s'en être servi.

Les meilleures règles et équerres
sont très-minces et très flexibles à arêtes

12.

bien vives et droites.

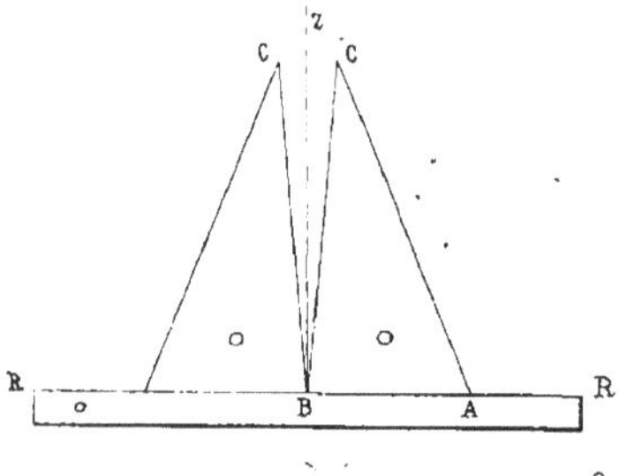

Pour vérifier l'angle droit de l'équerre on appuie l'un des côtés AB sur une régle RR, et on trace une droite le long du côté BC, on retournera l'équerre sans déranger la régle et on retrace une nouvelle ligne passant par le point B et le long du second côté de l'équerre, si l'angle n'est pas droit les deux lignes tracées ne coïncideront pas et seront telles que BC et BC'; si l'angle est droit elles coïncideront avec BZ.

La meilleure gomme élastique est la gomme blanche Faber pour crayon.

Les crayons à préférer, sont les crayons Faber n° 5.

L'Écriture

L'Étude du dessin linéaire doit commencer par l'étude des différents genres d'écriture employés dans les dessins. Ils sont au nombre de trois : l'écriture Capitale, l'écriture Romaine et l'écriture Italique.

1° Écriture capitale. Le travail préparatoire à faire est le suivant :

On trace deux parallèles distantes de la hauteur que doit avoir l'écriture : on divise la hauteur en huit parties égales et

14.

L'on porte sur l'horizontale six de ces divisions appelées modules; on forme ainsi le cadre qui doit contenir la lettre. On porte à la suite trois modules et on obtient l'écartement de deux lettres qui se suivent, on répète ce tracé autant qu'il y a de lettres et le travail est ainsi préparé; il reste à exécuter le tracé même des lettres. Pour cela nous les diviserons en 3 Classes d'après le mode même adopté pour leur tracé.

1ère Classe. Les lettres a, e, f, i, j, K, l, m, n, t, v, x, y, z sont formées à l'aide de lignes droites.

2e Classe. Les lettres c, d, g, o, q, u,

sont formées à l'aide d'Ellipses.

3ᵉ Classe : Les lettres b, p, r, s, sont formées à l'aide d'ellipses formant un 8

1ᵉʳᵉ Classe.

AEFIJKLM
NTVXYZ

L'épaisseur des lettres est d'un module; l'écartement des mots se prend égal à 2 fois l'écartement des lettres.

2ᵉ Classe.

OCDGOQU

On trace dans chaque cadre une ellipse

dont les axes soient justement la hauteur et la largeur des lettres et on forme l'ellipse directrice de la lettre.

3ᵉ Classe.

8 BPRS

Le 8 Directeur de la lettre est formé de 2 ellipses, l'ellipse supérieure a des axes dont les longueurs sont de 5 modules et de 3 mod 1/2 ; l'ellipse inférieure a des axes dont les longueurs sont de 6 modules et 4 m. 1/2.

On emploi souvent des capitales d'un seul trait. Leur tracé se fait de la même manière, avec cette seule différence que

que le cadre au lieu d'avoir 6 modules en a 4,
et que l'écartement des lettres est de deux
modules.

ABCDEFJ

On incline quelquefois ces lettres que
l'on trace de la même façon en prenant pour
cadres les parallélogrammes formés par les
diagonales d'un ½ cadre.

2.º Écriture Romaine.

Dans ce genre d'écriture le module
est le ⅙ de la hauteur des lettres et la
largeur est égale à 5 modules, l'écartement

des lettres est de deux modules, l'épaisseur de
la lettre est toujours de 1 module.

abcdorvu

Lorsque les lettres n'ont qu'un seul trait
on conserve les cadres adoptés pour la capitale
droite d'un seul trait.

abcdehoruvxz

Le g se trace d'une manière particulière
au moyen de deux carrés séparés
par la hauteur d'un module;
le 1er a pour côtés 5 modules,
c'est-à-dire, la largeur du
cadre, le deuxième a pour côtés
six modules.

Écriture italique.

Ce genre d'écriture est très-commun. Nous dirons seulement que la lettre a pour largeur la moitié de la hauteur et que l'écartement des lettres est la moitié de la largeur.

abcefghi

Tracé des différentes courbes géométriques.

Les courbes géométriques que l'on emploie plus souvent sont: la ligne droite, la circonférence, l'Ellipse et la parabole

Leurs combinaisons renferment à peu près toutes les lignes que l'on rencontre le plus ordinairement dans les arts.

La ligne droite, est la ligne qui va d'un point à un autre, par le chemin le plus court; on la trace au moyen d'une régle.

La Circonférence, est une ligne plane dont tous les points sont également distants d'un point situé dans son plan et appelé Centre. On la trace au compas; on prend une ouverture de compas égale au rayon donné. On appuie la pointe sèche qui reste immobile et l'on fait tourner l'autre pointe qui trace la circonférence.

Nous allons indiquer la Solution des

quelques problêmes dont l'usage est le plus général.

Construction des perpendiculaires

D'un point mener une perpendiculaire à une ligne droite.

Un moyen pratique, sinon très exact, est de se servir de la régle ou de l'équerre. On place le long de la droite une régle ou l'hypothenuse d'une équerre et on fait glisser le long De cette régle le petit côté d'une autre comme équerre jusqu'à ce que le grand côté passe par le point O. d'où l'on veut mener la perpendiculaire..

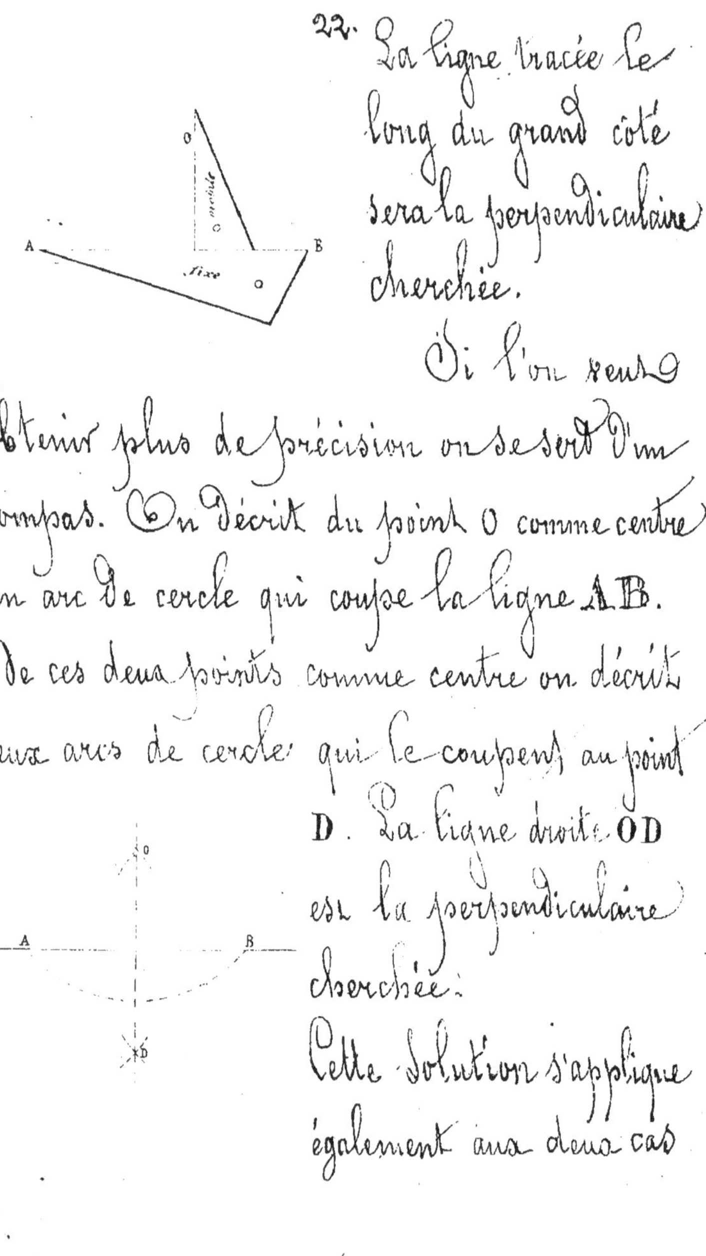

22. La ligne tracée le long du grand côté sera la perpendiculaire cherchée.

Si l'on veut obtenir plus de précision on se sert d'un compas. On décrit du point O comme centre un arc de cercle qui coupe la ligne AB. De ces deux points comme centre on décrit deux arcs de cercle qui le coupent au point D. La ligne droite OD est la perpendiculaire cherchée.

Cette solution s'applique également aux deux cas

où le point O est situé sur la droite ou
hors la droite **AB**.

Construction des parallèles.

Le moyen pratique le plus simple
est de se servir de règle et d'équerre.

Les trois figures ci-contre indiquent
clairement la manière
d'agir. Dans la
première position,
par exemple, on tient
ferme la règle A en
appuyant dessus
avec la main gauche

en on fait glisser l'équerre de la main droite;
Les lignes tracées le long du grand côté
de l'équerre seront parallèles.

Division d'une droite en deux parties égales

Pour cela faire; on décrit des deux
extrémités AB de la ligne AB comme
centre deux arcs de cercle de même rayon
et se coupe en deux points
C et D la droite CD coupe
AB en son milieu O et
la divise par conséquent
en deux parties égales

Division d'un angle en deux parties égales.

On décrit du sommet O un arc de cercle quelconque A B; on joint A B et il ne reste plus qu'à abaisser du point O une perpendiculaire sur AB, d'après la méthode indiquée plus haut. On abrégerait la construction en se servant du rapporteur. Le problème qui consisterait à diviser l'arc de cercle AB en deux parties égales se résout de la même manière puisque la bissectrice OI de l'angle AOB divise l'arc AB en deux parties égales au point K.

Construction d'une circonférence.

passant par trois points donnés.

On joint les trois points; on détermine les milieux et on élève des per-pendiculaires suivant les méthodes indiquées ci dessus. Le point de rencontre O des perpendiculaires est le centre de la circonférence.

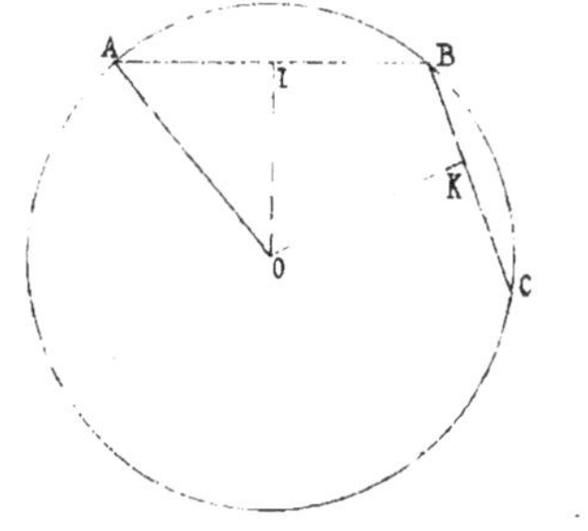

On connaît le centre O et le rayon OA; rien n'est donc si simple que de tracer la circonférence.

L'Ellipse souvent appelée Ovale est une courbe plane telle que la somme des distances de chacun de ses points à deux points fixés appelés foyers et situés dans son plan est constante. Les Droites qui joignent un point de l'Ellipse aux deux foyers sont les rayons vecteurs du point. La somme des rayons vecteurs est égale au grand axe.

Le rapport de la distance des foyers ou distance focale à la longueur du grand axe s'appelle l'Excentricité.

On trace l'Ellipse sur le terrain en attachant à deux points pris pour foyer les extrémités d'un fil flexible dont la longueur est égale à la somme des rayons vecteurs. On tend ce fil en appliquant contre lui une pointe; puis on fait glisser la pointe sur le terrain de manière que le fil soit toujours tendu.

La courbe fermée que l'on trace ainsi est une Ellipse.

On la trace sur le papier de diverses manières:

1° Soient F.F les foyers de l'ellipse qu'il s'agit de tracer, et R R une ligne égale à la somme des rayons vecteurs, on prend de chaque côté du milieu O de FF, deux

longueurs OA et OA, égales à la moitié de RR;
A et A sont les sommets de l'ellipse à
l'extrémité du grand axe; on élève en O une
perpendiculaire au grand axe et de l'un de ses
foyers comme centre on vient la couper par
un cercle dont le rayon est égale à OA ou
au demi grand axe. On obtient deux points
B et B qui sont les sommets à l'extrémité
du petit axe.

On obtient un point quelconque en
décrivant deux foyers comme centre des deux
cercles dont la somme des rayons soit égale
à RR; leur intersection en M donne un point
de l'ellipse. Après avoir déterminé de
cette manière un assez grand nombre de

points on les unit par un trait continu qui se rapprochera d'autant plus de l'ellipse que les points seront plus rapprochés les uns des autres;

2º. On trace souvent l'ellipse d'une manière très rapide que voici. Après avoir comme précédemment tracé les axes, on les prend comme diamètres et on décrit sur eux des circonférences. On trace un rayon vecteur O M N, aux points M N. on mène des parallèles aux axes, l'intersection de ces parallèles donne un point m de

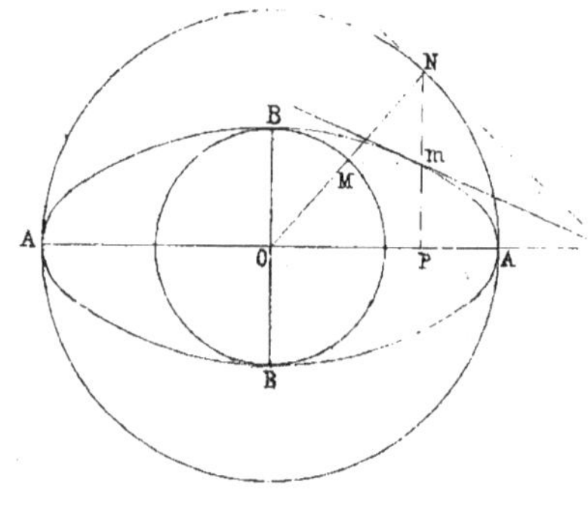

l'ellipse. On mène la tangente en ce point en joignant au point m le point t intersection avec le grand axe de la tangente au point N du cercle décrit sur le grand axe.

On dit souvent que l'Ellipse et le cercle décrit sur le grand axe sont des Courbes homographiques. Cela tient à cette propriété que le rapport de mp à Np est le même que le rapport du petit axe au grand axe;

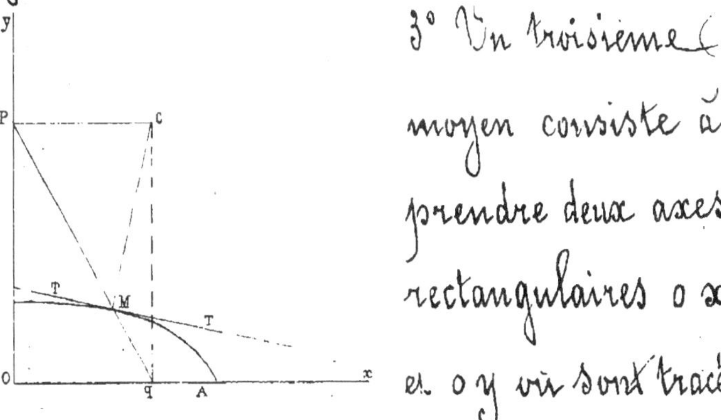

3° Un troisième moyen consiste à prendre deux axes rectangulaires ox et oy où sont tracés les sommets A et B de l'ellipse. D'un point q comme centre on décrit un arc de cercle dont le rayon est égal à la somme des axes, il coupe O y en P, on joint P au point q et on prend q M égal au petit axe; on obtient ainsi un point M de l'ellipse.

On trace la tangente en ce point en formant le rectangle, q o P C et menant la perpendiculaire TT à C M; TT est la tangente. Ce moyen est la traduction de ce fait: Une échelle est appuyée sur un mur vertical et un homme est sur un échelon; l'echelle glisse dans un plan vertical restant toujours appuyée au mur. Le point où l'homme repose sur l'echelon

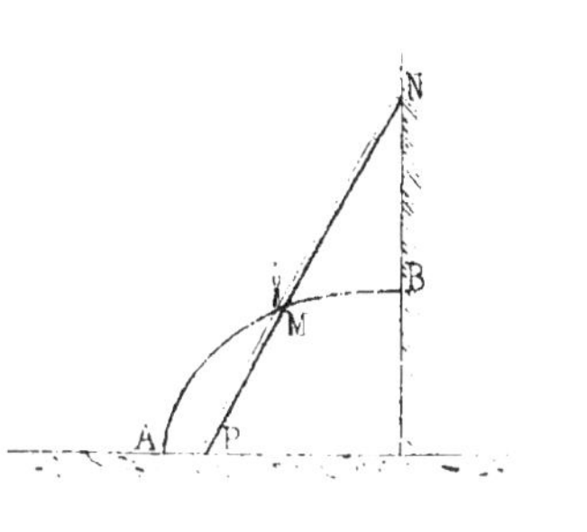

décrire une ellipse
AMB dont MN est
la longueur du
grand axe et MF
celle du petit axe.

Enfin un 4ᵉ moyen indiqué par
Mʳ l'Ingénieur Sartiaux consiste à décrire
un cercle sur le grand axe, c'est à dire
le cercle homographique.

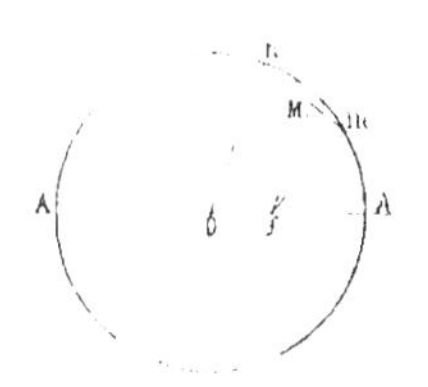

En même du foyer
un rayon recteur F.M; on
trace la perpendiculaire

M.n à ce rayon recteur, on joint o.n et on
mène une parallèle F.M. à o.n. On obtient
ainsi un point M de l'ellipse dont m.n.

est la tangente.

Toutes ces méthodes donnant le tracé de l'ellipse par points sont un peu longues et comme il faut tracer la courbe à la main, la ligne, si le dessinateur n'est pas très habile, est irrégulière et tremblée. Quand on a à construire une ellipse dont on donne le grand axe et le petit axe on la trace avec le compas comme il suit: On construit le rectangle

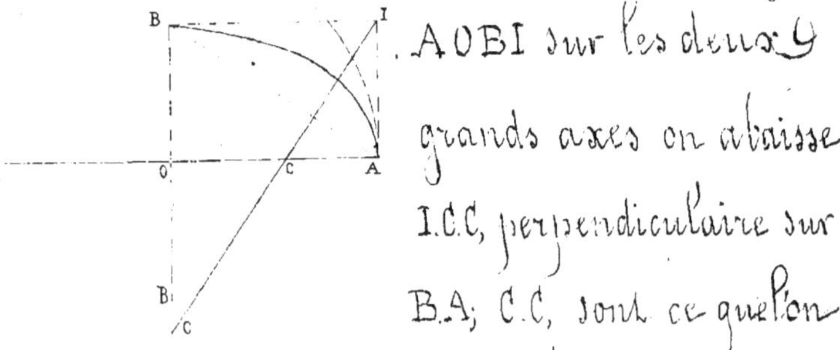

AOBI sur les deux grands axes on abaisse I.C.C, perpendiculaire sur B.A; C.C, sont ce que l'on appelle les Centres de courbures de l'ellipse. On

trace de ces points comme centre des cercles dont C.A et C.B. sont les rayons, on appelle ces cercles des cercles osculateurs; ils se confondent sur une certaine longueur avec l'ellipse, en les réunissant par une ligne tracée à la main on peut obtenir une courbe très nette et très agréable à l'œil.

Bossut a donné une méthode plus pratique et très élégante fort employée des appareilleurs, pour tracer l'ellipse ou plutôt l'ovale ou anse de panier. Elle consiste à joindre les sommets A et B de l'ellipse, puis on porte

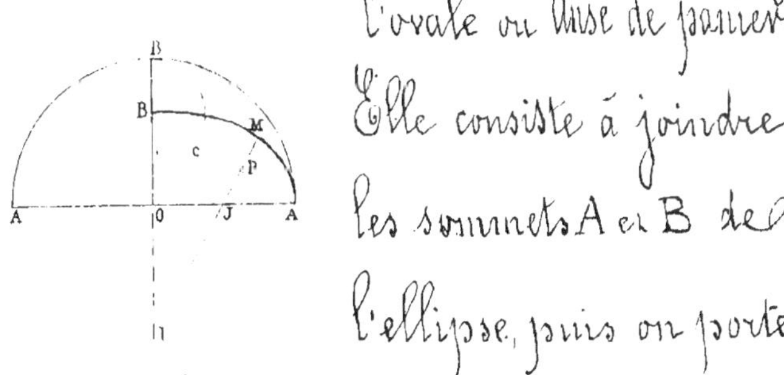

B.C. égale à la différence BB. des demi-axes

et on élève au milieu de C.A la perpendiculaire PJI. Des points I et J comme centres avec les rayons IB et J.A on décrit deux arcs de cercle tangents en M dont l'ensemble forme une courbe très rapprochée de l'ellipse et que l'on confond avec elle.

Ovoïde

L'ovoïde qu'on emploi souvent en architecture et dont la forme qui est celle d'un œuf rappelle celle de l'ellipse, se trace de la manière suivante.

Sur AA comme diamètre on décrit une circonférence dont la moitié A M B

37.

appartient à l'ovoïde.

On joint l'extrémité

C du rayon perpendi-

culaire au diamètre

AA, aux points AA; le

point C comme centre

avec CA pour rayon,

on décrit des arcs de

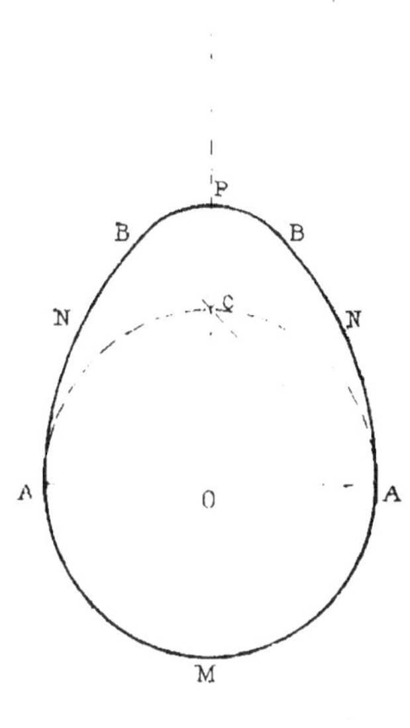

cercle ANB qui forment une partie de l'ovoïde;

puis du point C comme centre avec CB comme

rayon on décrit un arc de cercle BPB qui

complète l'ovoïde ainsi entièrement tracée

par 4 arcs de cercle.

La Parabole.

La Parabole est une courbe plane dont chacun

de ses points est également distant d'un point fixe appelé Foyer et d'une droite fixe appelée Directrice. Si F est le foyer et D.D. la directrice, le milieu A de la perpendiculaire abaissé du foyer sur la directrice, est le Sommet de la parabole. On détermine un point quelconque de la courbe en menant une perpendiculaire P.M. et décrivant du foyer comme centre un arc de cercle dont le rayon soit égal à c.p; il

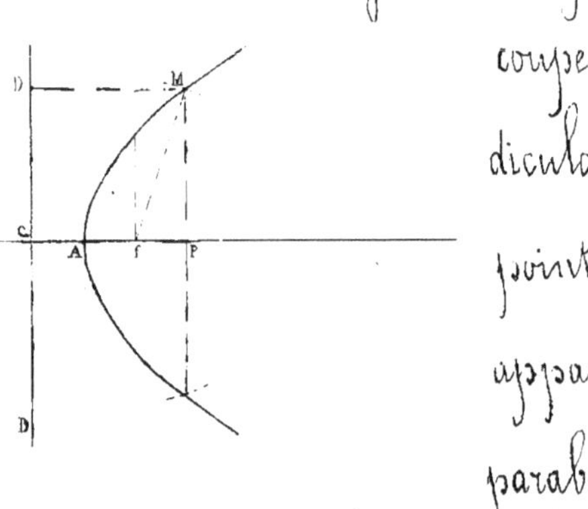

coupe la perpendiculaire en un point M, qui appartient à la parabole. On

détermine autant de points que l'on veut, on les

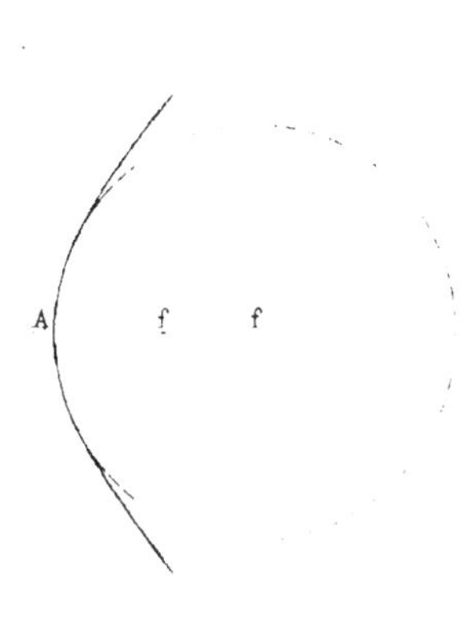

unit par un trait continu qui représente d'autant mieux la parabole que ces points sont plus nombreux. Il n'existe pas de moyen simple et pratique de tracer la parabole d'un trait continu.

Quand on a besoin de la parabole près du sommet on la trace en décrivant un cercle dont le centre est au point f au double de la distance A f ou distance focale

1° Ligne droite et figures qui en dérivent.

Les figures que l'on peut former

avec la ligne droite sont les polygones; nous ne nous occuperons que des polygones réguliers:

On appelle Polygone régulier, tout polygone convexe ou concave qui a ses côtés et ses angles égaux; par conséquent, si l'on divise la circonférence en un certain nombre de parties égales et si l'on joint 2 à 2 les points de division on formera un polygone régulier.

Tous les polygones réguliers dont on peut avoir besoin dérivent de trois polygones types.

Le Carré d'où dérive l'Octogone.
L'Hexagone d'où dérive le Triangle

équilatéral et le Dodécagone

On a quelquefois occasion de se servir du Décagone d'où dérive le Pentagone et le Pentédécagone mais leur tracé est trop difficile pour que nous le donnions ici.

1° Carré. — On tire deux diamètres perpendiculaires A C et B D et on joint les extrémités par les cordes AB, BC, CD, DA.

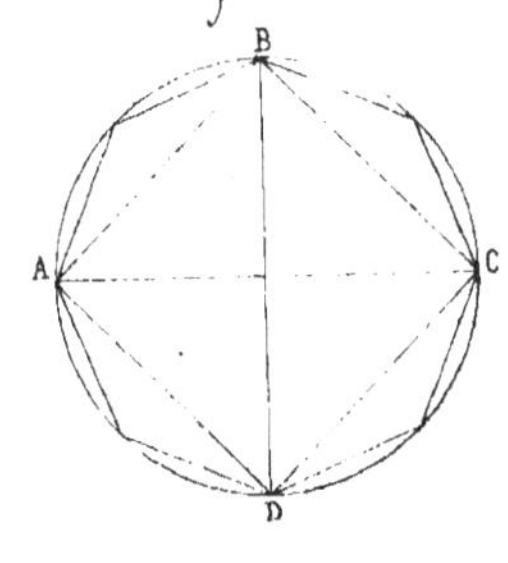

Le quadrilatère ABCD est un carré. Si on divise en deux parties égales les arcs soustendus par les côtés du carré, les points de division et

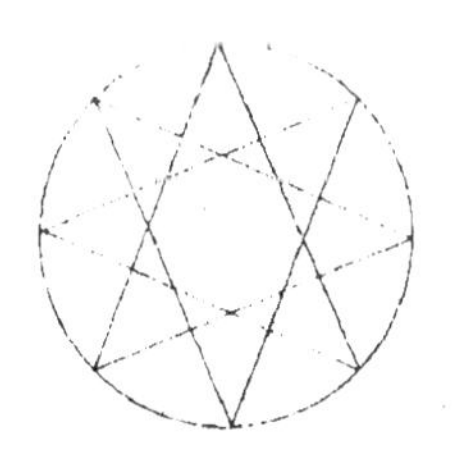

les sommets du carré formeront l'Octogone.

Si on joint les huit points de Division

de 3 en 3 (3 est plus petit que la moitié de

8 et est en premier avec lui.) on forme un

polygone concave qu'on appelle l'Octogone

étoilé.

Dans le cas où on voudrait

construire un carré dont on donnerait la

longueur du côté on éleverait à une extrémité

B du côté une perpendiculaire sur laquelle

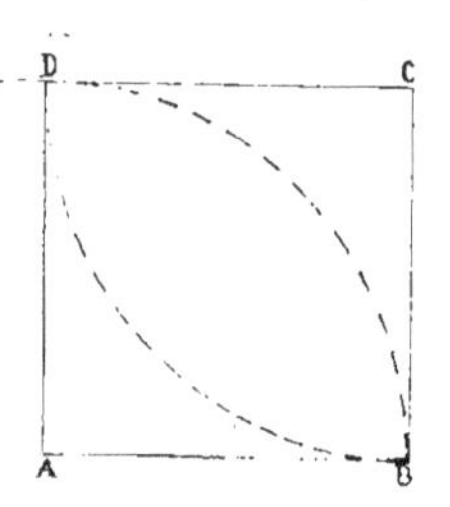

on porte la longueur

BC du côté. Des points

A et C avec une ouverture

de compas égale à A B

on décrit deux arcs de

cercle dont l'intersection donnera le 4ᵉ sommet D du carré.

2ᵉ Hexagone. — Pour construire un hexagone donné, dont on donne la longueur du côté, on décrit une circonférence dont le rayon soit égal à la longueur du côté donné. D'un point A, avec le même rayon, on trace des arcs de cercle qui donnent les points

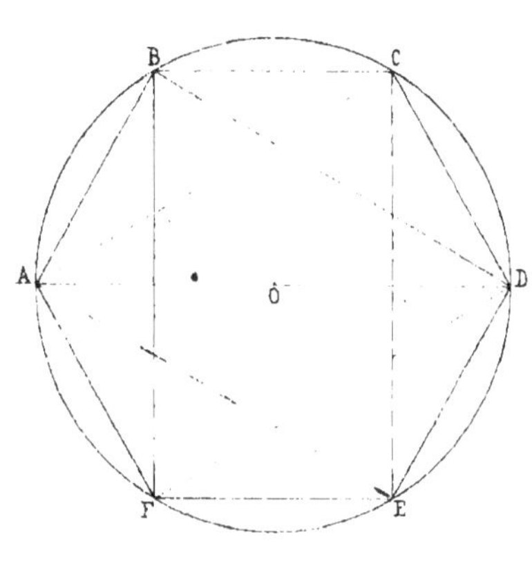

B & F. De ces points comme centre avec les mêmes rayons on trace des arcs qui donnent les points C & E. Le point D est l'extrémité du diamètre A. On

obtient ainsi les six sommets de l'hexagone.

On inscrit le triangle équilatéral en traçant trois cordes qui joindraient de deux en deux les sommets de l'hexagone régulier.

En joignant tous les sommets de deux en deux on obtient deux triangles équilatéraux ou l'hexagone étoilé.

Si l'on voulait construire un triangle équilatéral de côté donné, on le construirait comme un triangle dont on donne les trois côtés, c'est-à-dire, qu'on trace

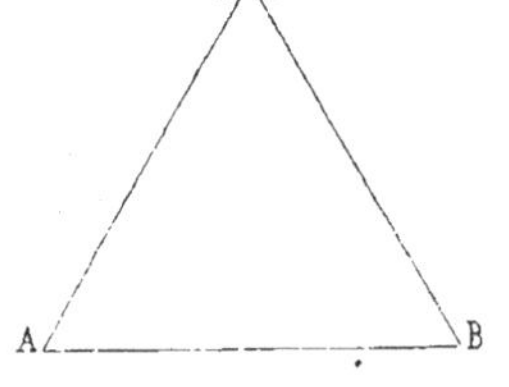

un côté AB et que des deux sommets A et B comme centres avec des rayons égaux. Aux deux autres côtés on trace des arcs de cercle dont le point de rencontre est le troisième sommet du triangle.

On peut avec l'hexagone construire le Dodécagone convexe en divisant en deux parties égales les arcs sous-tendus par les côtés de l'hexagone. Les points de division et les sommets de l'hexagone forment les douze sommets du dodécagone convexe. Si on joint les douze points de division de 5 à 5 (5 est plus petit que la moitié de 12 et est premier avec 12) on forme un polygone concave qu'on appelle Dodécagone-étoilé.

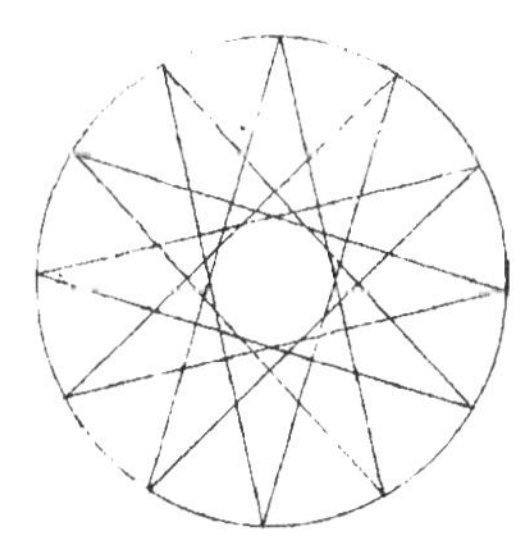

46.

Nous terminons par quelques mots
sur les formes que l'on emploie le plus
ordinairement dans l'architecture et qu'il n'est
permis à personne d'ignorer.

Lorsque l'Architecte ou l'Ingénieur
s'est conformé aux exigences matérielles que
réclame la nature même de l'édifice qu'il veut
construire, il cherche entre les limites permises
par ces mêmes exigences, une forme plus
harmonieuse que toutes les autres et qui
satisfasse à la fois aux conditions d'ordre
matériel et d'ordre spirituel. Puis il complète
le caractère de l'édifice, et le rend, pour ainsi
dire, plus saisissable, à l'aide d'un auxiliaire
utile et agréable, qu'il ne faut pas confondre

avec l'architecture, mais qui en est inséparable, en un mot — à l'aide de la décoration.

L'expérience a montré que dans cet art, qui, au premier abord, semble comporter le moins de règles et le plus d'idéal, les formes géométriques sont capables d'harmonie et très susceptibles de plaire. C'est à ce simple point de vue géométrique que nous nous plaçons et que nous allons décrire d'abord les ornements les plus connus, susceptibles d'une détermination géométrique ou en dérivant très simplement.

Nous commencerons nécessairement par les Moulures.. Elles sont simples ou composées; Les premières sont:

1° Le Filet, moulure carrée qui se

rattache immédiatement à une courbe, accompagne ou sépare les moulures.

2° La Plate-bande, moulure large et peu saillante.

3° Le quart de Rond-droit ou Renversé est une moulure formée d'un quart de cercle (figs 1 et 2) ou préférablement d'un arc de parabole (fig 3 et 4.)

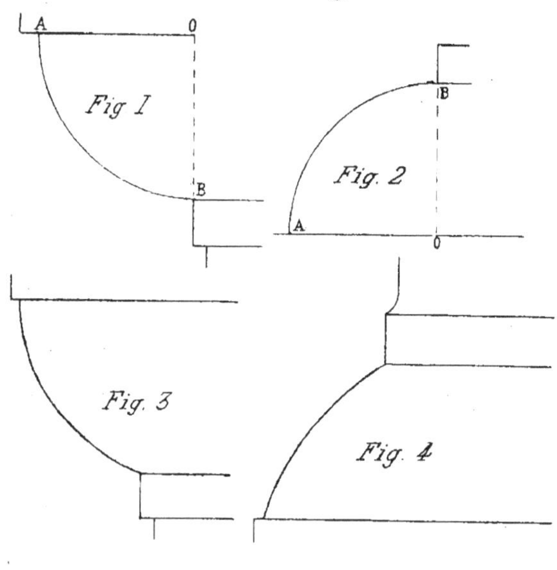

L'arc de parabole est le plus rationnel au point de vue de la résistance des matériaux et c'est précisément celui que, d'intuition ont choisi les Grecs sans l'avoir démontré.

4° Le Cavet composé d'un quart de rond creusé en Dessous se présente par conséquent sous quatre formes

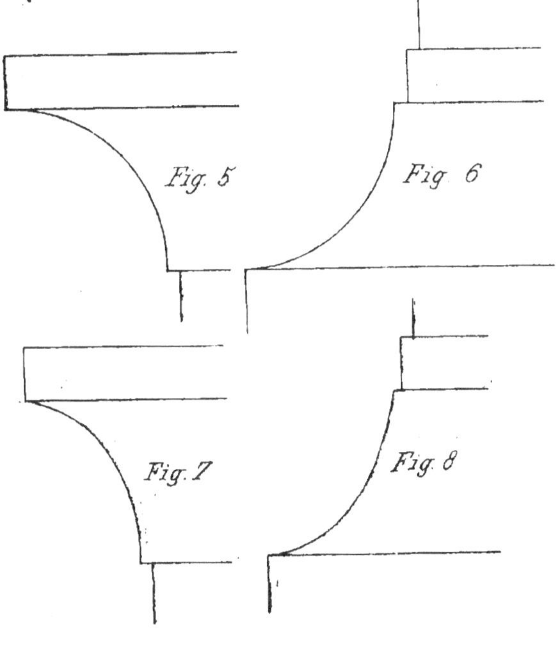

différentes dont deux dépendent de l'arc de
cercle (fig. 5 et 6) et deux de l'arc de parabole. (fig. 7 et 8)

Les moulures composées sont :

1° La Boucine moulure composée
d'une courbe ainsi que l'indiquent les fig.
9. 10. 11 et 12.

Pour la construire on joint A B, on
prend le milieu C et on construit sur
A C et C B pris pour bases deux triangles

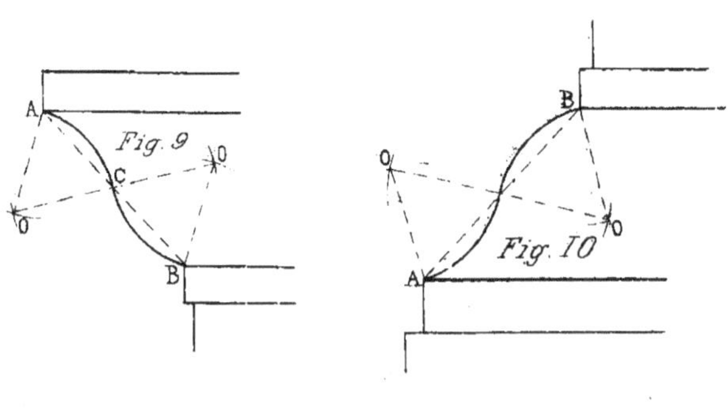

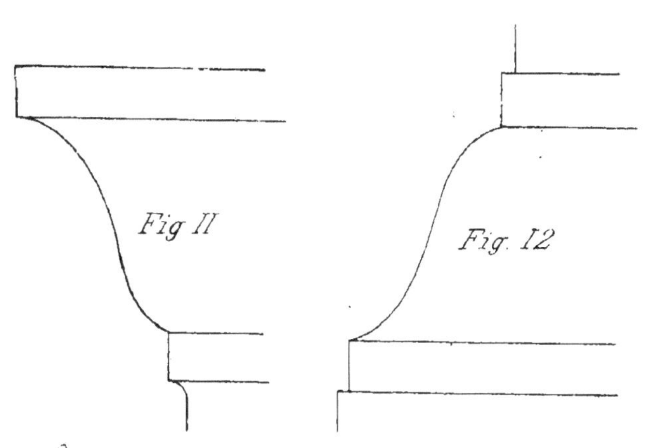

équilatéraux symétriques par rapport au point C ; des deux sommets 0 et 0 de ces triangles pris pour centres on décrit deux arcs de cercles se raccordant tangentiellement en C et dont l'ensemble constitue la Doucine (fig. 9 et 10) On peut employer aussi des arcs de parabole (fig. 11 et 12)

2° Le Talon, droit ou renversé est une moulure semblable à la précédente mais renversée (fig. 13, 14, 15 et 16). Pour le

construire je porte au dessus du point A la

longueur A K égale au sixième de la hauteur

de la moulure du point K

comme centre avec un rayon égal au double

de A K ou égal au tiers de la hauteur de

la moulure, on trace un arc de cercle

qui coupe A D en un point I par lequel

on mène une parallèle I J à A H le milieu

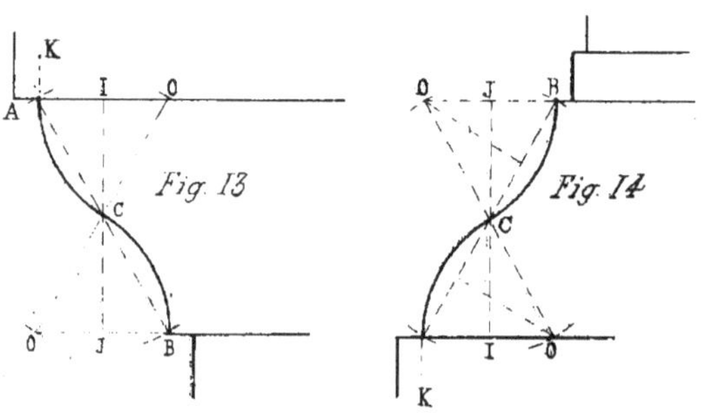

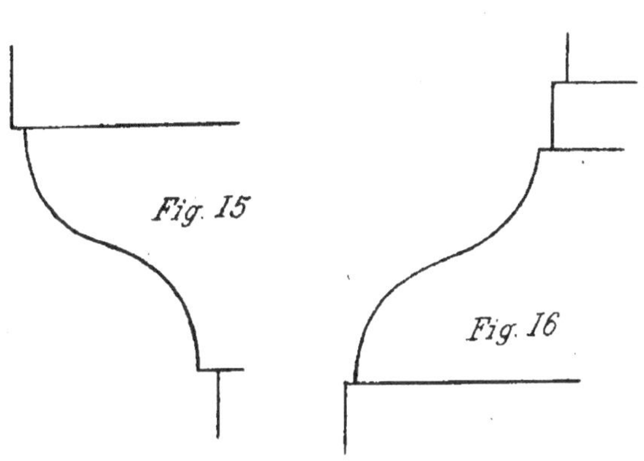

donne le point C qui détermine AB, cela

fait, on élève au milieu de AC et CB des

perpendiculaires à ces lignes; elles déter-

minent les points symétriques O et O; de

ces points, comme centres, on décrit des cercles

avec OA et OB comme rayons. Ces deux

cercles se raccordent en C et par leur ensemble

constituent le talon (fig. 13 et 14). On peut

encore employer des arcs de parabole comme

les figures 15 et 16.

La Baguette est une petite moulure étroite formée par un demi-cercle (fig. 17) quand la baguette est plus large elle prend le nom de Tore et se rencontre dans toutes les bases de colonnes où elle est engendrée par un demi-cercle tournant autour de l'arc vertical de la colonne.

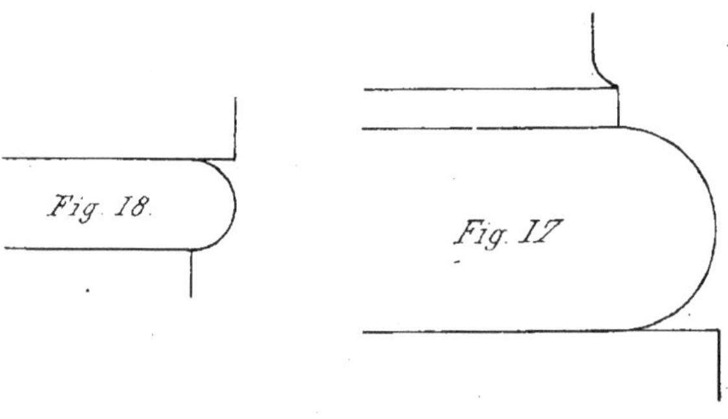

La Gorge est une moulure concave

demi-cylindrique (figure 19) Il suffit
de la voir pour en comprendre la construction.

Fig. 19

La Scotie est une moulure
rentrante qui s'emploie de préférence
à la décoration des bases. Elle est formée
de plusieurs Cavets. On peut la construire
avec deux arcs de cercle (fig. 20), ou deux
arcs de parabole (fig 21). Dans le
premier cas on détermine d'abord la saillie
du filet inférieur qui doit être égale au
tiers de la hauteur de la moulure, puis on
prend une longueur a o égale à la saillie

du filet inférieur en on décrit du point O comme centre le quart de rond a c, on décrit ensuite le quart de rond c b et on a de la sorte la Scotie à deux centres. On peut disposer plus complètement de la forme du gable de la moulure et de la saillie

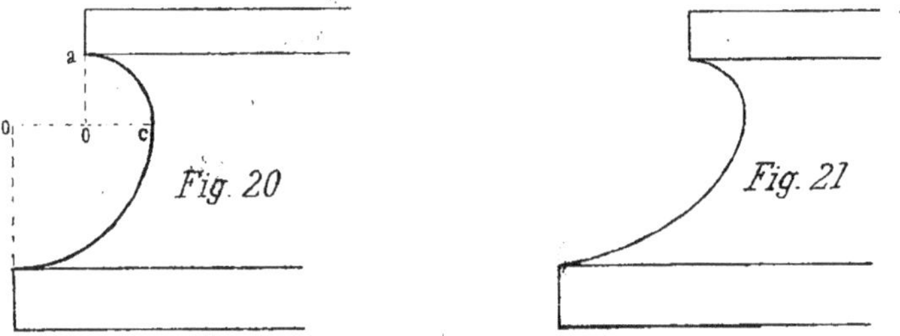

du filet extérieur en employant comme dans la figure 21 deux arcs de parabole.

Le Congé est un raccordement concave entre deux faces planes peu saillantes l'une sur l'autre. il est indiqué en X dans

57.

Les figures 17 et 18.

En disposant toutes ces moulures entre elles on forme des moulures composées; l'art de les disposer est ce que l'on a appelé l'art de Profiler.

On ajoute souvent à l'effet produit par les moulures en leur adaptant des oves, des feuilles d'acanthe, de lotus des feuilles d'eau, etc. etc.

Ces ornements s'éloignent déjà des formes géométriques nous en reproduisons un seulement à titre d'exemple (fig. 22.

Nous indiquerons encore quelques ornements que leur origine toute géométrique fait rentrer dans notre cadre:

Fig. 22.

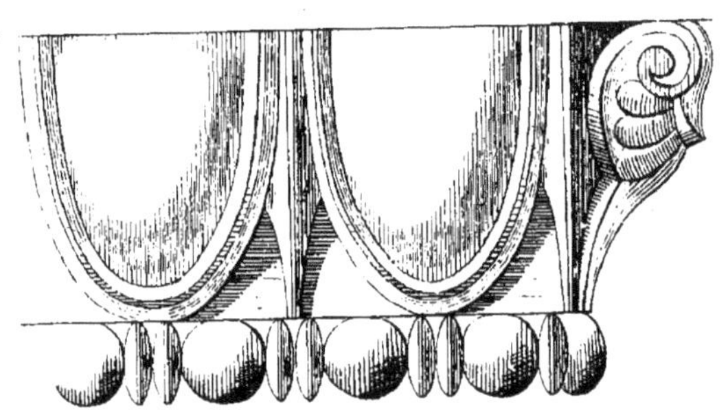

ce sont les rosaces dérivant des polygones réguliers, convexes ou étoilés; les figures 23 et 24 en présentent des modèles où il est facile de reconnaître l'hexagone étoilé et le pentagone étoilé.

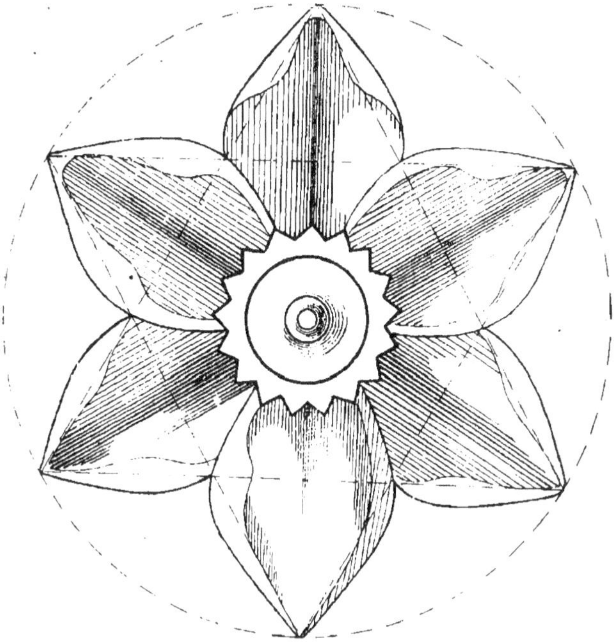

59.

Fig. 23

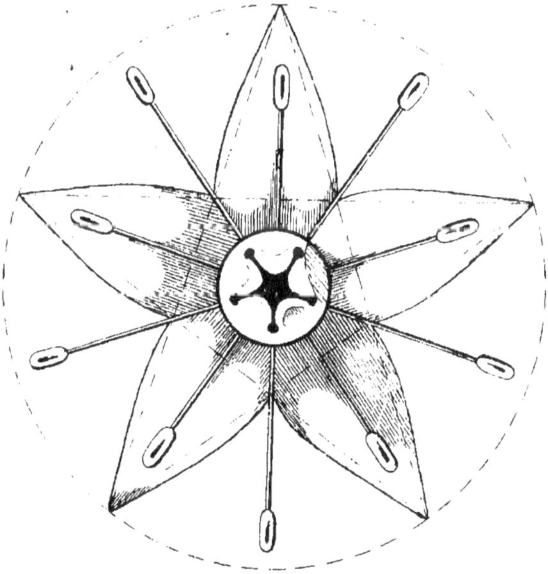

Fig. 24.

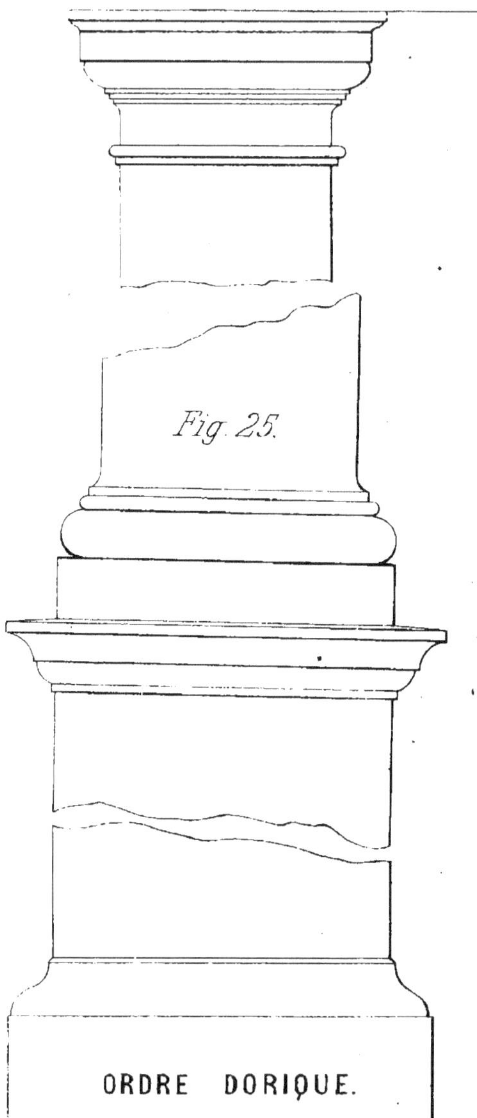
Fig. 25.
ORDRE DORIQUE.

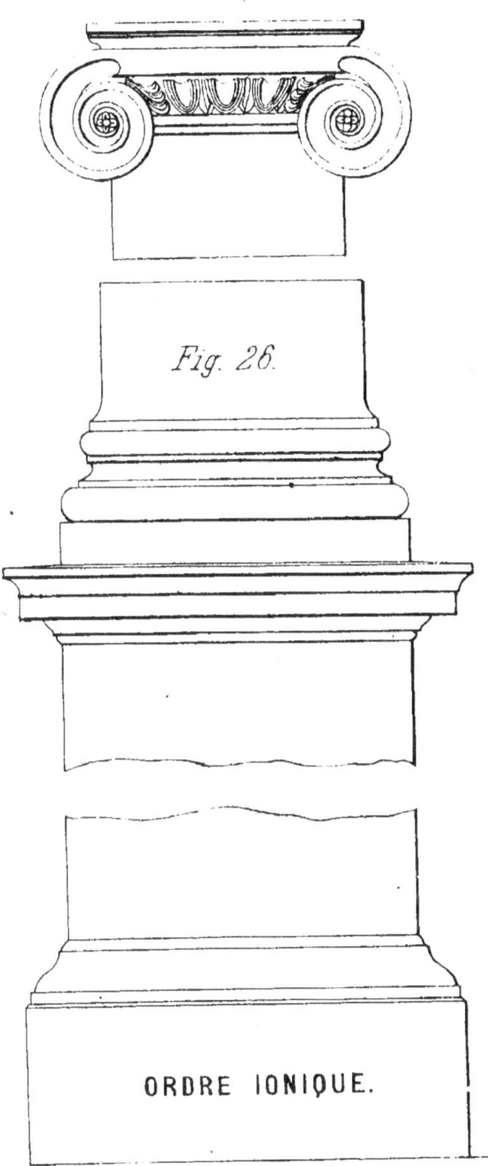

Fig. 26.

ORDRE IONIQUE.

62.

Enfin nous terminerons par quelques mots sur ce que l'on a appelé les différents ordres d'architecture.

Vitruve a dit, (Livre 4, chapitre 1er): Les différentes forme de colonnes ont donné naissance à trois ordres qui sont le Dorique, l'Ionique et le Corinthien.

Le premier de ces ordres est le plus ancien; on s'occupait plus au début du fond que de la forme; c'était l'époque de l'austérité Dorienne. Plus tard on chercha à donner aux formes plus de grâce et d'élégance, ce fut l'époque Ionienne.

Puis vint l'époque des formes plus délicates et des ornements plus riches, ce fut

63.

l'époque Corinthienne.

Des auteurs modernes ont admis cinq ordres d'architecture, mais il n'y a lieu d'admettre que trois, parce que les deux autres, le Toscan et le Composite ne sont que des nuances du Dorique et du Corinthien.

Une colonne est composée en général de trois parties, la Base, le Fut et le Chapiteau.

Le Fut ordinairement cylindrique est la partie la plus importante de la colonne. Nous résumons, dans les croquis ci-joints, les types de colonnes correspondants aux trois ordres dont nous venons de parler et qu'il est facile de ne pas oublier.

Fig. 25 ordre Dorique. Fig. 26 ordre Ionique. Fig. 27

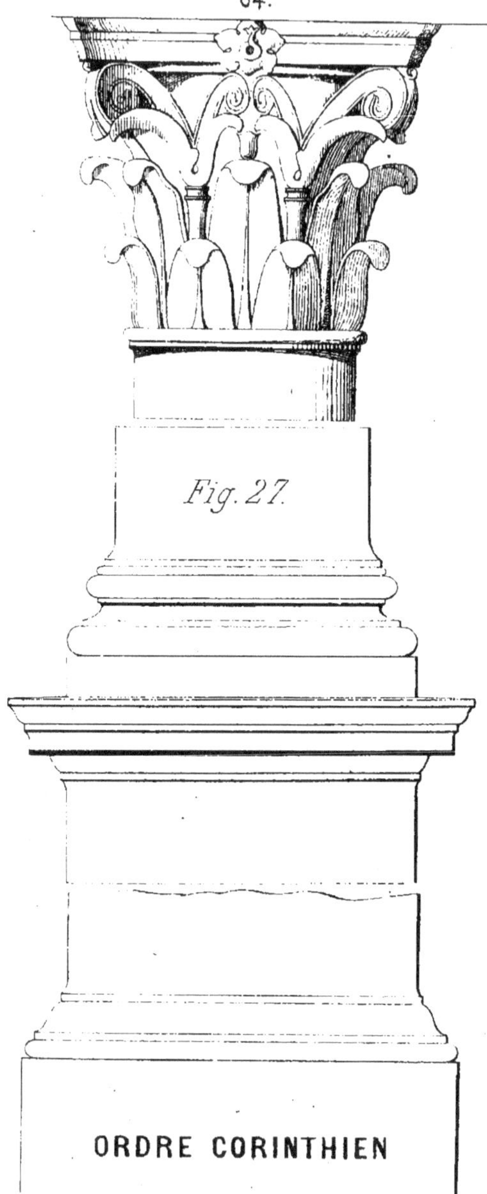

Fig. 27.

ORDRE CORINTHIEN

Observations générales.

La commission d'examen au Département de l'Orne a constaté que la plupart des Candidats ignoraient complétement les éléments les plus simples de la Perspective et des effets de lumière indispensables pour exécuter la plus grande partie des compositions de dessin adressées par l'Académie de Caen.

Perspective. La perspective a pour but « de donner par des figures planes l'apparence des objets de l'espace. Quant on ajoute des ombres et qu'on colore ces figures, la perspective est dite aérienne, elle est linéaire dans le cas contraire. »

Il y a différentes sortes de perspectives dites : Perspectives axonométriques, Perspectives Isométriques et perspectives Cavalières.

Nous ne nous occuperons ici que de la perspective linéaire et en particulier de la perspective Cavalière très suffisantes pour l'objet que nous avons en vue. Dans ce système de perspective, les corps sont représentés sur un plan vertical appelé Tableau à l'aide de rayons visuels parallèles ce qui suppose que l'œil du spectateur s'éloigne indéfiniment du tableau. La perspective

67.

est déterminée par la perspective d'une ligne
perpendiculaire au tableau et appelée ligne
fuyante et le rapport de réduction des
longueurs parallèles à la ligne fuyante.
Les rayons visuels parallèles entre eux
sont les projetantes

Supposons que
OX et OY soient
les deux côtés
du tableau et
que OZ soit la
ligne fuyante
et que 1/2 par
exemple soit le rapport de Réduction. Les
trois droites OX, OY et OZ forment un

Triédre. Je suppose qu'il s'agisse de trouver la perspective d'un point M dont les distances aux trois faces du triédre soient de

4^m à la face $X O Y$

5^m ———— $Y O Z$

7^m ———— $Z O X$

On prendra sur $O X$ et sur $O Y$, 5 et 7 divisions représentant un mètre et avec $O p$ et $O q$ on formera le rectangle $p o q m$. Par m on menera une parallèles à la ligne fuyante et on prendra sur elles 4 divisions réduites dans le rapport de réduction, c'est-à-dire, ici, réduites de moitié. On obtient ainsi le point M. qui est la perspective Cavalière du point donné.

Exemples : Il s'agit de représenter un cube de 8ᵐ de côté; 1/3 étant le rapport de réduction, et l'une des faces du cube étant parallèles au tableau.

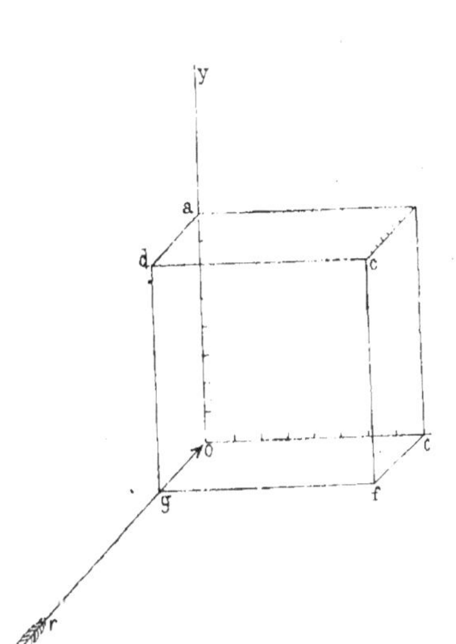

Cette face se projette alors en vraie grandeur en 0 a b c les quatre arêtes qui y aboutissent et perpendiculaires sont dirigés suivant des parallèles à la ligne fuyante et avec des longueurs

70.

obtenues en portant huit divisions égales
au 1/3 des divisions primitives.

Il s'agit par exemple encore
de représenter une table, soit le rapport
de réduction égal à 1/2, les figures 29. 30 u 31
montrent comment on a opéré.

Effets dus à la lumière.

—————

Afin de donner aux dessins tracés
sur le tableau l'apparence des objets qu'ils
représentent il est utile de les compléter
en ajoutant des traits de force. Cela veut
dire qu'on force les traits qui figurent des
lignes placées à l'intersection d'une face
éclairée et d'une face dans l'ombre. La

71.

position de ces lignes varie évidemment avec la direction de lumière. On a l'habitude d'adopter pour direction lumineuse la diagonale d'un cube reposant sur le sol et dont une face est parallèle au tableau de telle sorte que le cube et la table dessinés ici seraient représentés comme sur les figures 29, 30 et 31.

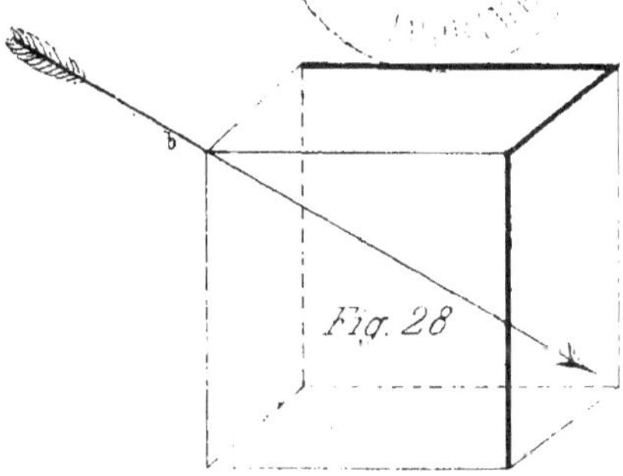

Fig. 28

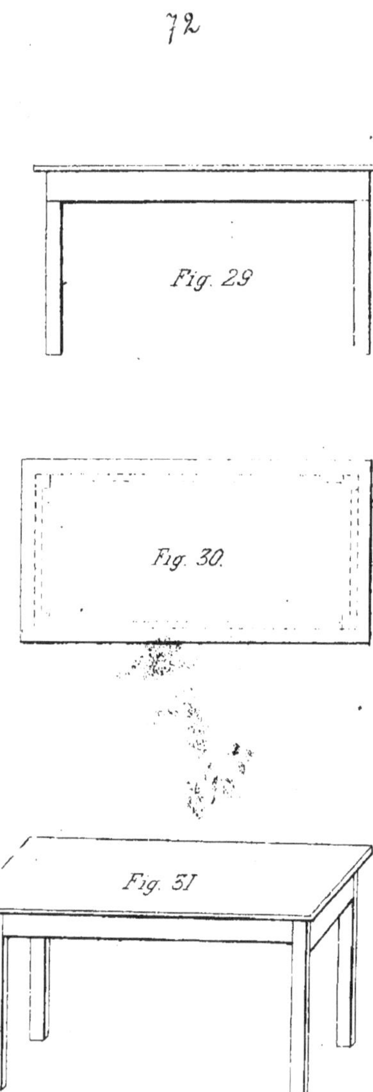

Fig. 29

Fig. 30.

Fig. 31